LE MANAGEMENT DU PERE NOEL

Daniel CISSE

a créé et dirige depuis plus de 30 ans BUSINESS TRAINING une société de conseil et de formation aux techniques commerciales et managériales.
Il intervient auprès de PME et de grandes entreprises lors de conférences et de séminaires à thème.

Ivan Clerc Renaud

marie avec bonheur son expertise des réseaux commerciaux et son goût pour le dessin.
Par ses idées et son œil critique, il participe à une vision plus humaniste des rapports dans l'entreprise.

Vous souhaitez nous faire part de vos appréciations, de vos suggestions, de vos critiques, de vos projets...

Vous souhaitez connaître l'ensemble de nos activités...

Vous souhaitez commander ou offrir ce livre...

Vous souhaitez nous contacter :

BUSINESS TRAINING
7, rue de l'Indre
44 000 Nantes
Tel 02.40.89.91.91
Fax 02.51.82.36.56
www.businesstraining.fr

Daniel CISSE

LE MANAGEMENT DU PERE NOEL

Illustrations de Ivan Clerc Renaud

BUSINESS TRAINING
7, rue de l'Indre - 44 000 Nantes
Tel 02.40.89.91.91
Fax 02 51.82.36.56
www.businesstraining.fr

Toute représentation ou reproduction, intégrale ou partielle, faite sans le consentement des auteurs, ou de leurs ayants droits ou ayants cause, est illicite
(loi du 11 mars 1957, alinéa 1er de l'article 40).

Cette représentation ou reproduction, par quelque procédé que ce soit, constituerait une contrefaçon sanctionnée par es articles 425 et suivants du Code Pénal. La loi du 11 mars 1957 n'autorise, aux termes des alinéas 2 et 3 de l'article 41, que les copies ou reproductions strictement réservées à l'usage privé du copiste et non destinées à une utilisation collective d'une part et d'autre part que les analyses et les courtes citations dans un but d'exemple et d'illustration.

Avertissement

Toute relation ou simplement ressemblance, de près ou de loin, avec une personne ou structure existante ou ayant existée, serait purement fortuite et le fruit du hasard.

*Et si pour vous,
Noël,
C'était tous
les jours ?*
         Le père Noël

A tous ceux qui entreprennent dans un monde qui ne fait pas de cadeaux

A tous ceux qui font des cadeaux aux entrepreneurs

A Dasher, Dancer, Prancer, Vixen, Comet, Cupid, Dunder, Blixen et Rodolphe,
les rennes méconnus du père Noël

REMERCIEMENTS

Je remercie mes clients, mes fournisseurs ainsi que mes partenaires consultants qui, par leurs pratiques et leurs attitudes, m'ont fourni la matière de ce livre.

Je remercie également mes amis et conjoints pour les conseils et les encouragements qu'ils m'ont prodigués.

J'associe notamment Bruno BUTRUILLE avec qui j'ai échangé lors de la rédaction de cet essai.

Je remercie spécialement Bernard CISSÉ, mon père, pour l'attention qu'il a mobilisée lors des relectures successives du manuscrit.

Enfin je remercie Richard Balenci ainsi que Grégoire Larroque qui diffusent sans relâche le message de ce livre et contribuent à la réussite de leurs clients.

La nuit était tombée depuis longtemps maintenant et les premiers flocons commençaient à faire un tapis blanc dans le jardin.
Il est vrai qu'à Noël, les jours sont plus courts, surtout quand le ciel est gris et menaçant.
La température était descendue de plusieurs degrés ces derniers jours et la météo annonçait une dégradation importante pour les jours à venir.

"Ce n'est pas un temps à mettre un chat dehors" pensa l'homme.

Bien au chaud dans le salon, il regardait à la fenêtre la neige qui tombait à gros flocons.
Il s'était servi un whisky et avait allumé un bon feu.

Le sapin de Noël trônait au milieu de la pièce.

C'était un beau sapin.
Pas un de ces sapins en plastique qui sont vendus dans les grandes surfaces et qui vous servent pendant plusieurs années.
Non. Celui là, c'était un vrai sapin.

Il avait été décoré avec soin, avec les boules de couleurs, les petits personnages et les guirlandes multicolores.

Les bougies lumineuses lui donnaient par intermittence cette couleur rouge qui se marie si bien avec le vert des aiguilles.

Il attendait Noël.
Depuis quelques jours déjà.
Il avait été coupé il y avait dix jours dans la pépinière où il poussait depuis quelques années en compagnie de ses dix mille congénères.

Il avait été acheminé par camion et entreposé dans un hangar où il y avait une montagne d'articles en tout genre.
Puis il avait été exposé dans le magasin et vendu.

Et il se retrouvait dans ce salon, avec ce feu de bois qui crépitait et cet homme seul qui buvait son whisky en regardant par sa fenêtre tomber la neige.

L'homme paraissait triste et fatigué.
Il se promenait sans but dans la pièce, allant de la fenêtre au feu.
De temps en temps, il replaçait une bûche, arrangeait le pare feu.

Il pouvait avoir 50 ans, 55 peut-être.
Il semblait ne pas vouloir se fixer, sauf peut-être quand il sirotait son whisky, qu'il buvait à petites lampées, avec un plaisir évident.

Il avait de bonnes raisons d'être las.
C'était la nuit de Noël.
Il était seul ce soir.
Il s'appelait Pierre, il était chef d'entreprise et la société qu'il dirigeait allait être vendue dans les jours à venir.

C'était une entreprise de roulements pour l'industrie.

Il tenait cette entreprise de son père qui la tenait également de son père.

Et lui, il allait la perdre.
La faute à qui?
La faute aux grands groupes qui innovent sans cesse et cassent les prix !
La faute aux clients qui veulent payer toujours moins cher !
La faute aux concurrents qui ne respectent rien !
La faute aux partenaires qui transgressent les accords !
La faute aux salariés qui veulent toujours plus d'argent en travaillant moins d'heures !
La faute aux banquiers qui prêtent toujours moins d'argent en demandant plus de garanties !
La faute au….

Il pouvait faire une liste de raisons longue comme un jour sans pain.
Il les connaissait bien les raisons.

Il était fatigué

Fatigué de se battre, d'expliquer, de motiver, de prouver.
C'était la fin.

« *Bon débarras* » pensa-t-il.

Et pourtant, et dépit de ce qu'il disait, il n'arrivait pas à se faire à cette idée.
Il avait joué enfant dans cette usine.
Il avait rêvé d'en être le patron.

Il avait assisté à des dizaines de pots de départ à la retraite.
Et maintenant, c'est lui qui allait partir.

Comment avait-il pu en arriver là?

L'entreprise était sur un créneau porteur.
Sa notoriété était grande.
Ses produits étaient bons et correctement placés.

Alors que s'était-il passé ?

Depuis de nombreux mois, il avait senti que ça n'allait plus.
Les accrochages entre les collaborateurs étaient de plus en plus nombreux et de plus en plus violents.
La motivation déclinait de façon dramatique.

Les absences pour "maladie" s'étaient également multipliées et les départs des collaborateurs s'étaient accentués.

La qualité des produits s'en était ressentie et les plaintes des clients avaient remplacé les prix d'innovation qui autrefois ornaient les murs de son bureau.

Les hommes lâchaient, les clients lâchaient, les banquiers lâchaient, il lâchait.

Il s'était assis dans son fauteuil préféré.
C'était un gros fauteuil de cuir à la patine usée, dans lequel il se mettait depuis sa plus tendre enfance, comme un chat qui recherche la chaleur et la sécurité.

« *Ah l'enfance* » se mit-il à penser.
Le temps de l'insouciance, des rêves et des perspectives.
Le temps de tous les possibles.
Le temps où il est possible de récupérer une pièce de monnaie simplement en mettant sous son oreiller une dent de lait qu'on a perdue.

Ah, l'enfance.
Le temps des rires et des cadeaux.
Le temps du père Noël qui pouvait vous apporter ce que vous souhaitiez, où que vous soyez dans le monde.

"Le père Noël !
J'en aurais bien besoin aujourd'hui" dit-il à haute voix en parlant au sapin comme s'il s'agissait d'une personne.

« Comme j'aimerais redevenir enfant pour pouvoir y croire encore une fois » se dit-il pour lui-même en se basculant en arrière.

"Le père Noël" marmonnait-il encore quand le sommeil le saisit.

Ce fut un bruit au dehors qui le réveilla.
Un bruit ténu, feutré, comme si l'on traînait quelque chose par terre.
Il se leva du fauteuil et écouta.
Maintenant qu'il était réveillé, il ne l'entendait plus.

« J'ai dû rêver » se dit Pierre, en allant regarder par la fenêtre.

Il n'y avait rien dehors, tout était calme sous le manteau blanc, tout juste illuminé par la lune et les lampadaires de la ville.

Pourtant, en regardant avec plus d'attention, il vit, dans la neige qui recouvrait la pelouse du jardin, deux traces parallèles, qui semblaient s'en aller vers le fond du terrain.

« Mais Qu'est ce donc, ces traces dans mon jardin, en plein milieu de ma pelouse. Si ce sont des fêtards qui s'amusent, chez moi, ils ne manquent pas d'air. Qu'ils le fassent chez eux si ça leur chante».

Il en était là de sa réflexion quand la porte du fond, celle qui donnait sur le jardin, s'ouvrit dans un grand fracas, laissant passer un homme de forte taille, tout habillé de rouge et dont la grande barbe blanche cachait les trois quarts du visage.

Une entrée aussi fracassante, sans égards pour les tapis et le mobilier, un soir de Noël, aurait dû mettre Pierre dans un état de fureur justifié.

Mais il n'en fût rien.
Rien ne se passât. Ou plutôt si.

Les deux hommes se regardèrent, comme s'ils se reconnaissaient.
Comme s'ils se connaissaient depuis longtemps mais qu'ils s'étaient perdus de vue depuis des années.
L'inconnu était dans l'encadrement de la porte, habillé en père Noël, de la tête aux pieds, avec dans les yeux ce mélange de douceur, de bonhomie et de malice qui avait fait sa renommée.

«- Bonjour Pierre. Tu as besoin du père Noël à ce que j'ai cru comprendre ! Eh bien me voici ».

- C'est très sympa de votre part, Monsieur, mais vous savez, j'ai passé l'âge de croire au Père Noël, à la petite souris et à toutes ces fables pour enfant.
C'est bien dommage d'ailleurs car cela me permettrait de me sortir de ma mauvaise passe actuelle.
Un coup de baguette magique de la bonne fée et Hop, tous les méchants et les esprits mauvais disparaissent.

- Et si c'était toi le méchant et l'esprit mauvais ?

- Comment ça moi ?
Si c'est pour venir m'insulter, un soir de Noël, dans ma maison, déguisé en père Noël, vous pouvez repartir. La blague était bonne mais tout à des limites.

- Mais je vais repartir Pierre, ou plutôt nous allons partir ensemble.

- Partir, mais où ? Et d'abord, pourquoi devrais-je partir avec vous ?

- Parce que tu as demandé le père Noël comme tu le faisais avec ton cœur d'enfant à qui tout était possible. Parce que tu es seul pour passer cette nuit de fête. Parce que tu vas perdre ton entreprise et que tu es en train de perdre plus encore.
Parce que tu as besoin de te remettre en questions pour évoluer.
Parce que tu es confronté à des problèmes et que tu as les solutions sous ton nez.

Parce que tu as besoin d'être aidé et que j'ai envie de t'aider.

Mets des vêtements chauds et suis moi »

Pierre resta sans voix après cette longue tirade.
Sans même s'en rendre compte, il prit son plus gros manteau, son cache nez, son chapeau et suivit l'homme au déguisement de père Noël dans le jardin.

A son grand étonnement, il y avait là un énorme traîneau, tiré par des rennes.

« Monte à bord, nous sommes déjà assez en retard, il faut y aller » dit le père Noël.

Pierre s'installa sur le siège. L'homme donna un ordre bref et le traîneau s'ébranla sur la neige blanche.
Il allait de plus en plus vite et sur un geste, sans que Pierre pût l'expliquer, il décolla dans les airs, comme un avion.

« Ce n'est pas possible, ce n'est pas possible, tout cela est un rêve, je vais me réveiller. Je ne peux pas être dans les airs, assis à côté du père Noël, dans un traîneau tiré par des rennes.
Tout cela est complètement dingue. Je deviens dingue. » pensa Pierre.

Pourtant tout cela paraissait tellement réel.

De la sensation de vitesse et de froid, à l'altitude, du scintillement des étoiles, à la lumière des réverbères, tout paraissait vrai.
Jusqu'à la respiration des rennes encouragés par le père Noël à aller vite, toujours plus vite.

« Hue Dancer, hue Blixen. Plus vite Comet, c'est bien Dasher ».

Le père Noël n'arrêtait pas d'encourager ses huit rennes qui redoublaient d'efforts sous ses paroles.

« - Vous connaissez le nom de chacun de vos rennes ? » dit Pierre.
« - Evidemment » lui répondit le père Noël.
« Comment espérer obtenir le meilleur de quelqu'un si on ne connaît même pas son nom.
C'est vrai pour les animaux, c'est évidemment vrai pour les humains.
Pierre, tu connais bien le nom et le prénom de chacun des collaborateurs et de chacune des collaboratrices qui travaillent avec toi ? »

- Justement je pensais à çà et je n'en suis pas vraiment sûr. L'entreprise avait tellement grossi ces dernières années que je me suis un peu détaché de l'humain.

- Pierre, c'est une des règles de base du management !

- Quelle règle du management ?

- Tu devrais la connaître avec un prénom comme le tien. Tu t'appelles Pierre.
Un pont, un mur, une maison, une digue sont des suites de pierres.
Que l'une d'elle soit défaillante et c'est la structure de l'ensemble qui est défaillante.
Le choix de chaque pierre, son taillage, son polissage puis sa mise en place, voilà de la belle ouvrage, qui défie le temps et les hommes.
Tes équipes de vendeurs, de techniciens, de cadres, d'ouvriers, ce sont d'abord des individus, avec pour chacun ses caractéristiques, ses motivations, ses qualités, ses défauts, donc son potentiel.

Ils ont chacun une vie au travail et en dehors du travail.

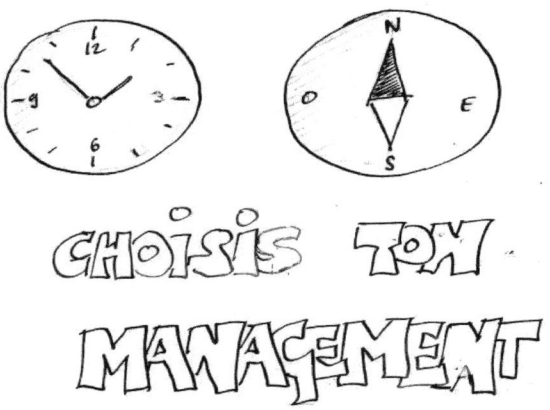

S'intéresser à chacun, vraiment, c'est lui permettre de réaliser son potentiel au maximum, dans l'entreprise mais aussi au dehors. »

Pierre était songeur.
Il venait de se rendre compte qu'il avait oublié une des clés qui avaient fait le succès de l'entreprise depuis des générations.
Il avait oublié les gens.

Il avait des équipes qu'il connaissait par leur nom générique.
> Les analystes programmeurs
> Les contrôleurs de gestion
> Les commerciaux
> Les techniciens

Tous ces noms de services, il les connaissait.

Mais les personnes qui y travaillaient, il ne les connaissait pas vraiment.
Son père et son grand père prenaient pourtant grand soin d'aller voir chacun, de lui donner le bonjour et un petit mot toujours personnalisé.
Quand avait-il fait ça pour la dernière fois ?

« Enfin, cela n'avait plus grande importance maintenant puisque tout allait disparaître. Chacun irait de son côté. Que je les connaisse ou non ne pourra plus rien changer.
Par contre, dans un prochain business, il faudra que je garde bien cette valeur en tête pour ne pas me laisser aller ! »

Ainsi pensait Pierre alors que le traîneau amorçait une descente en glissade vers un grand lac gelé qui brillait comme une lame sous la lumière blafarde de la voie lactée.

Quand le traîneau s'immobilisa, Pierre suivit l'homme, qu'il considérait maintenant comme le père Noël - comment pourrait-il en être autrement ? - jusqu'à une petite maison dont la cheminée crachait une fumée qui s'élevait en volutes légères dans le ciel du grand nord.

« - Assied toi Pierre. Nous allons nous restaurer et parler un peu ensemble avant de repartir au travail. C'est quand même la nuit de Noël et je suis le père Noël. Si je ne travaille pas un soir comme aujourd'hui, je ne travaillerai jamais.

- C'est la nuit la plus importante de l'année pour vous et vous voulez perdre du temps à manger ?
Moi dans votre situation, je me donnerais à fond et je me reposerais après, quand j'aurais fini.

- Et tu penses que tu réussirais à livrer des cadeaux pour 3 milliards d'individus, répartis dans le monde entier ?
- Bien sûr que non ! Mais vous non plus vous ne livrez pas tout ce monde, puisque ce sont les adultes qui achètent les cadeaux et jouent le rôle du Père Noël.

- Et oui ! Pour ça, je peux dire que j'ai su déléguer et que sans la délégation, il y a bien longtemps que ce petit business n'existerait plus.
La délégation, Pierre, voilà l'un des secrets de la réussite des projets. La délégation ou comment entraîner les autres à faire peu à peu un travail que vous faisiez à l'origine ?

- C'est sûr que comme ça vous n'avez plus rien à faire.

- Rien à faire ?

- Non, rien à faire puisque c'est nous, les adultes, qui faisons votre travail en achetant et en livrant les cadeaux le soir de Noël.

- Et ce que je suis en train de faire maintenant ?

- Ce que vous êtes en train de faire ?

- Mais oui, espèce de bougre de bougre ! Ce que je suis en train de faire pour toi, <u>ton</u> cadeau de Noël !

- Je ne comprends rien, quel cadeau de Noël ?

- Ton cadeau de Noël : Des solutions pour ton entreprise, des réflexions pour ta vie personnelle, des attitudes à modifier, des idées pour évoluer, des techniques pour grandir dans ta tête. C'est ça ton cadeau. Tu vas passer la nuit avec moi et nous allons tout reprendre à zéro. »

Pierre était sans voix.

Il avait rêvé du père Noël. Il avait souhaité revenir au temps de l'enfance, où tout devenait possible, et maintenant il était avec le père Noël qui voulait lui faire un cadeau personnel, à lui qui n'attendait rien de bon de cette nuit, si ce n'est une gueule de bois due aux whiskies qu'il aurait bus.

Le père Noël avait préparé le repas. Il y avait là de la volaille et des légumes, le tout en abondance mais sans exagération.

« - Il faut que nous restions éveillés » dit le père Noël à Pierre en lui faisant un clin d'œil.

« - Bon ! Pour commencer par le commencement, Pierre, quelle est ta vision de ton avenir ? Comment te vois-tu dans cinq ans ?

- Dans cinq ans ? Je ne sais même pas ce que je ferai dans un mois. Alors dans cinq ans, ce n'est pas ma préoccupation du moment.

- C'est ça ton problème Pierre. Tu n'as pas de vision et tu n'en as jamais eu, ni pour toi, ni pour ton entreprise. Tu as vécu au jour le *jour, en courant dans tous les sens, comme un <u>insensé.</u>*

Et le pire, c'est que tes collaborateurs ont fait la même chose puisqu'il n'y avait aucune indication, aucune lumière, aucune direction à suivre.

- Qu'est-ce que j'aurais dû faire, alors ? Qu'est ce que je devrais faire ?

- Tu devrais commencer par te redresser, te mettre debout et trouver cette vision de ton avenir dans cinq ans.
Sais-tu pourquoi la race humaine domine le monde aujourd'hui ?

- Parce qu'elle possède l'intelligence que n'ont pas les autres animaux ?

- Plus simplement parce qu'un jour, il y a de cela des milliers d'années, un homme, une femme, dans la savane, se sont mis debout afin de mieux voir, car la végétation, qui avait changé, avait grandi.
Dans cette nouvelle position, debout, ils ont alors perçu l'immensité des possibles, les dangers qui les menaçaient et les opportunités qui s'offraient à eux. Se mettre debout pour avoir une vision plus grande a été l'acte fondateur de l'évolution des hommes sur cette planète.
Avec la vision, l'homme s'est grandi. Il s'est mis en marche et il a conquis le monde.

Celui qui marche en regardant son nombril a toutes les chances de rentrer dans un mur ! Tout le monde sait ça !

- Et quel lien avec mon entreprise ?

- Si tu as une vision pour ton entreprise, un projet et une image de ce que tu souhaites voir réaliser à une échéance de cinq ans, tout retrouve du sens.
Si cette vision est partagée, enrichie, appropriée par le personnel de l'entreprise, tout le monde travaille à la construction du projet. Chaque chose faite au quotidien prend un sens dans la construction du projet global.
Quelle vision as-tu proposée, quel rêve as-tu partagé avec tes collaborateurs depuis que tu « diriges » l'entreprise ? »

Pierre écoutait attentivement et prenait conscience que depuis vingt ans qu'il avait repris l'entreprise de son père, il n'avait fait que gérer. Gérer l'existant, assurer la continuité. Il avait embauché du personnel, il avait pris des nouvelles commandes, il avait

conquis de nouveaux marchés, mais sans une véritable stratégie, pensée et réfléchie.
Il avait suivi la pente, le nez collé au terrain. Et maintenant, il était au bord du gouffre et il ne l'avait pas vu venir. Forcément.

Il se rendait compte qu'il n'avait pas fait rêver ses collaborateurs, qu'il ne les avait pas associés à un quelconque projet. Il leur avait assuré un emploi et un salaire, point. Personne ne lui avait dit qu'il n'y avait pas de vision. Il était seul, comme ses collaborateurs étaient seuls, sans projet commun.

Pierre voulut aller plus loin

« - Mais dites-moi Père Noël, votre vision à vous dans votre domaine, c'est quoi ?

- Ma vision est très simple et on peut la résumer comme suit :
Une fois par an, à la même date, partout dans le monde, chacun recevra un cadeau qui lui prouvera que quelqu'un a pensé à lui!

*Après, toute l'année, je veille à ce que le travail se fasse pour que cette vision prenne corps, à la date prévue, comme je l'ai rêvée.
Tu n'aurais pas eu de cadeau cette année. Alors j'ai fait le nécessaire et c'est également ce que je ferais pour tous ceux qui n'auraient pas la chance d'avoir des proches qui pensent à eux le soir de Noël.*

- C'est un peu simpliste non ? Il suffit d'y croire et la vision se réalise. C'est ça ?

*- Qui te parle d'y croire ? Quand tu es enfant tu crois au père Noël et tu as des cadeaux. Quand tu es plus grand tu n'y crois plus et tu as des cadeaux.
La vision n'est pas du domaine de la croyance, elle est du domaine de l'action.*

- Sais-tu pourquoi Noël est une véritable réussite depuis des siècles ?

- Parce qu'il s'agit de faire et de recevoir des cadeaux !

- Exactement. Les gens ont envie de recevoir mais aussi de faire des cadeaux. C'est une vision qui leur plaît car elle est du domaine du plaisir.

- Mais l'entreprise, ce n'est pas du plaisir. C'est du travail au quotidien, ce sont des horaires, des contraintes, des efforts, de la sueur et du stress.

- Tu sais Pierre, faire les magasins pour trouver les cadeaux pour Noël, faire des listes, trouver à se garer, affronter le monde dans les grands magasins, fabriquer des objets de ses propres mains, dépenser de son temps et de son argent pour les autres, ce n'est pas de tout repos. Et pourtant, tout le monde le fait, parce que c'est Noël et qu'il faut réaliser la vision qu'on a imaginée.

- Donc si j'ai bien compris, il me faut une vision la plus nette possible de ce que sera l'entreprise dans cinq ans. Je la partage avec les collaborateurs qui y adhèrent et ensemble nous nous attelons à la tâche *pour réussir à la rendre réelle et concrète. C'est bien ça ?*

- Exactement ! »

Pierre prenait des notes.
Cette façon de voir les choses l'inspirait.
Il commençait à avoir des idées sur ce qu'il allait faire, ce qu'il allait dire. Il voyait parfaitement ce qu'il aurait dû faire, ce qu'il aurait dû dire. Il voyait le chemin qu'il avait parcouru jusqu'ici, les carrefours qu'il n'avait pas (com)pris, les feux qu'il avait brûlés.

Il se voyait à ses débuts. Il se voyait foncer comme un train lancé à toute vitesse, sans destination, sans arrêt, juste un train lancé à toute vitesse.

Il se voyait maintenant à l'arrêt, comme un train sans carburant, en plein désert, avec tous les passagers descendus sur les voies en attente d'un hypothétique départ.

Il voulait repartir. Il avait envie de relancer la machine. Il avait envie d'emmener ses passagers à destination. Il avait envie d'une destination. Il avait envie de voir les uns et les autres remonter à bord. Il avait envie d'entendre leur satisfaction à l'annonce du départ. Il avait envie.

« - Bon, admettons que j'ai cette vision claire et que j'ai su la partager avec les collaborateurs de l'entreprise, quelles sont les autres clés du succès ?

- Les valeurs Pierre, les VALEURS !

- Les valeurs ? Comment ça les valeurs ?

- Pierre, les valeurs c'est ce qui va te différencier, toi et ton entreprise, de toutes les autres entreprises qui ont peut-être la même vision.
Je vais t'expliquer cela de manière simple.
Si ta vision c'est de fournir du plaisir facile, rapide et sans effort à tes clients, tu peux vendre de la drogue et tu concrétises ta vision.

- Mais ce serait immoral et illégal !

- Absolument ! Et l'immoralité et l'illégalité dont tu parles sont du domaine des valeurs. Tu veux réaliser ta vision mais avec des valeurs auxquelles tu crois et auxquelles croient tes collaborateurs.
Pierre, As-tu déjà réfléchi aux valeurs de ton entreprise ?

- Non pas vraiment. J'ai toujours pensé que si les clients continuaient à nous acheter des produits et nous renouvelaient leur confiance, c'est que nous devions avoir une certaine valeur pour eux.

- Et si ces derniers temps des clients t'ont quitté, c'est sans doute qu'ils ne retrouvaient pas cette valeur ou qu'ils l'ont trouvée ailleurs, tu ne crois pas ?

- Je n'avais jamais réfléchi de cette manière, je l'avoue.
En quoi notre entreprise est-elle différente ? Qu'est ce que nous apportons vraiment à nos clients, au delà des produits que nous leur livrons ? Les clients perçoivent-ils ces valeurs ? Les collaborateurs, dans leurs pratiques quotidiennes, incarnent-ils ces valeurs ?
Est-ce que moi-même je suis porteur des valeurs de mon entreprise ? »

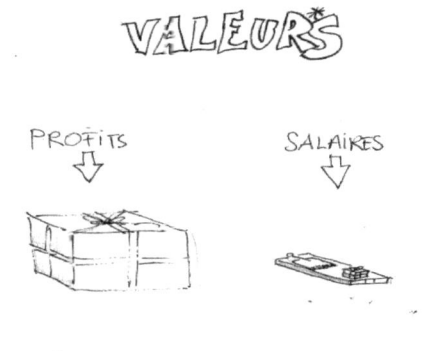

* mobilières

Cette série de questions laissait Pierre perplexe.
Il n'avait jamais pensé l'entreprise en ces termes.
Il s'apercevait aujourd'hui qu'il ne s'était jamais mis en questions. Il n'avait pas réfléchi à cette dimension de l'entreprise, ni vis à vis de l'interne, ni vis à vis de l'externe.

Il repensait à tous ces entretiens d'embauche où il ne s'était jamais soucié de savoir si le candidat partageait sa vision du marché et de l'entreprise et s'il était porteur de valeurs en phase avec celles de son entreprise.

Il revoyait ces échecs au recrutement, ces greffes de personnels qui n'avaient pas pris, sûrement par manque de points communs, de partage, de dialogue.

Il comptabilisait tout ce temps perdu, cette énergie gâchée en pure perte, simplement parce que les valeurs n'avaient pas été clarifiées, expliquées, partagées.

Il imaginait très bien chacun de ses collaborateurs, travaillant dans son coin, croyant bien faire, avec une vision restreinte de son projet, avec chacun ses valeurs, ou celles qu'il croyait être celles de l'entreprise.

Le père Noël reprit la parole.
« - Tu sais Pierre, cette vision dont nous avons parlé et ces valeurs que nous avons évoquées sont celles qui sont présentes dans toutes les grandes religions, dans les chansons de geste du moyen âge, chez les chevaliers de la table ronde à la conquête du Graal, et plus près de nous chez les grands champions sportifs.
Et dans chaque couple qui se constitue, ce sont les mêmes clés que l'on retrouve :
Le partage de la vision avec son conjoint, comment chacun voit la vie ensemble demain ?, quelles seront les valeurs sur lesquelles s'appuyer ? Ces valeurs, ce sont des clés pour ouvrir des portes. Des solutions pour résoudre des problèmes ».

Pierre se rendait compte qu'il savait tout cela, qu'il l'avait toujours su. Et pourtant son caractère évident ne lui avait pas sauté aux yeux. Il avait tout cela sous les yeux et ne l'avait pas vraiment appliqué.

Il est vrai qu'il était très occupé. Occupé à gérer, occupé à conduire l'entreprise, préoccupé à conduire l'entreprise.

En fait, il se rendait compte qu'il avait conduit tout le temps, tout ce temps, mais pas sur la bonne route.

Après avoir soigneusement noté ses réflexions, Pierre reprit la parole.

« - En fait, vous, Père Noël, vous êtes en train de me dire que vous appliquez pour vous des recettes de management utilisées dans les entreprises ?

- Absolument et les valeurs dont je te parle sont parfaitement claires et déclinées dans les actions. Ponctualité, secret, plaisir.
Avant Noël, ce n'est pas Noël, et après, ça ne l'est plus.
S'organiser pour être à l'heure, pour que les cadeaux soient dans les souliers, c'est du domaine de la ponctualité.
Travailler dans l'ombre, aller faire les courses et cacher les cadeaux. Les emballer sans que personne ne les voie. Ne pas savoir ce qu'on va recevoir, c'est le secret.
Ne pas le dire aux enfants, partager ce doux mensonge avec les adultes, ne pas dire qu'on sait pour garder la magie. Faire plaisir, avoir du plaisir à faire plaisir.
Plaisir de la recherche de l'objet qui fera plaisir.
Plaisir de la découverte des attentes des enfants, des adultes, des amis, des collaborateurs.

Ce sont ces trois valeurs qui ont permis la réussite de Noël depuis tout ce temps.
Ce sont les valeurs et la vision qui font avancer les gens.
Il n'est que de voir le peu de temps et le peu d'énergie que certains mettent dans leur travail - pour lequel ils sont payés - et leur investissement gratuit pour une cause ou une passion auxquels ils croient, pour le valider.
Quand les gens sont en ligne avec leurs valeurs et avec leur vision, ils n'ont pas besoin d'un chef qui les surveille. Ils savent quoi faire, quand le faire et surtout pourquoi ils le font.
A la fin d'un spectacle, y a-t-il quelqu'un pour donner le signal des applaudissements ? Y a-t-il quelqu'un pour donner le tempo des applaudissements ? Bien sûr que non. Tout cela se fait naturellement, pour le plus grand des plaisirs de chacun des membres du groupe.

- Je suis d'accord ! Mais alors, que faut-il faire de ceux qui ne partagent pas la vision ou les valeurs de l'entreprise ?

- Quand un train est en partance pour Lille, prend-il les voyageurs pour Perpignan ?

- Non, ou alors c'est qu'il y a eu erreur.

- Eh bien l'entreprise c'est la même chose.
On annonce la destination, la vision à chacun, au départ. On annonce les conditions dans lesquelles s'effectuera le voyage. Et ensuite chacun doit se déterminer. S'il reste, c'est qu'il adhère.
S'il ne croit pas à cette vision, si cela ne l'intéresse pas, s'il ne partage pas les valeurs, il vaut mieux qu'il prenne un autre train, une autre voie.
Tout le monde ne fête pas Noël sur terre. Il y a ceux qui partagent la vision et les valeurs et il y a les autres. Et tous sont évidemment respectables.

Le père Noël s'était enflammé. Il s'était tellement impliqué dans son discours sur la vision et les valeurs que son repas s'était refroidi.

Quand il s'en rendit compte, il s'arrêta net, bougonna un peu et se leva pour faire réchauffer le plat.

Pierre l'observait. Il était sidéré de constater que les recettes du père Noël s'appliquaient si bien à la réalité des entreprises. Et qu'elles continueraient à s'appliquer parfaitement tant il est vrai qu'il avait vu nombre d'entreprises - sans vision ni valeurs- qui vivotaient, qui se développaient même, mais sans âme et sans plaisir.

Même si tout cela restait du discours, il en saisissait la force et le côté opérationnel.
Logiquement, une voiture ralentit si elle est dans le brouillard. Le conducteur craint l'accident, il a peur du risque de collision, c'est normal. Pourquoi les collaborateurs, eux, accéléreraient-ils s'ils étaient dans les mêmes conditions ?
Il avait laissé ses collaborateurs dans le brouillard et il leur en demandait toujours plus.

Pourquoi aller plus vite, en prenant des risques si on ne sait même pas où on va et ce qui nous attend?
C'est du simple bon sens.

Comment n'y avait-il pas pensé ?
Comment avait-il pu passer à côté de quelque chose d'aussi simple et logique ?

Il en était là de ses réflexions quand le Père Noël reprit la parole.

« - Pierre, je pense que tu as bien compris l'importance de ces deux clés que sont la vision et les valeurs.

- Oui, tout à fait, c'est exactement la réflexion que je me faisais. Vous m'avez fait un super cadeau Père Noël !

- Et ce n'est pas fini mon garçon. J'ai décidé de continuer de te gâter. Pour sortir un peu du concept, nous allons parler un peu d'opérationnel.
Quand la vision et les valeurs sont clarifiées, il est temps d'avancer. En effet, si tu veux

réaliser ta vision dans cinq ans, il y du chemin à parcourir, tous les ans.
C'est le domaine des objectifs, du pas à pas.
Pour être au rendez-vous de ta vision dans 5 ans, tu dois avoir avancé chaque année. Tu dois avoir fait un bout du chemin chaque mois, chaque jour. Ce bout de chemin, c'est ton objectif pour l'année, le mois, le jour.
De la même façon que pour la vision et les valeurs, les collaborateurs doivent partager l'objectif, se l'approprier.
Plus la vision est forte et plus les collaborateurs ont envie d'aller vite. Ils dépassent alors largement les objectifs, ils sont moteurs, comme des motrices de train. Ils sont des motrices qui tirent et qui emportent tout. Rien ne leur résiste.

- Ce que vous me dites, père Noël, c'est que les objectifs sont des marques du parcours du chemin pour atteindre la vision, c'est cela ?

- Exactement et plus ces marques sont nettes et identifiées, plus le chemin semble

balisé, plus les collaborateurs se lancent sur la route du succès.

- Vous me dites que la route doit être balisée. Donc les marques doivent être assez rapprochées. Si elles ne sont pas visibles, ou trop éloignées les unes des autres ou inaccessibles, les collaborateurs hésiteront à s'engager dans l'action.

- Voilà, tu as tout compris Pierre.
Même si l'objectif est annuel, il doit être fractionné en sections plus petites, au trimestre, au mois, à la semaine même si nécessaire.
Plus le niveau d'effort pour atteindre l'objectif semble faible et plus tes collaborateurs s'y engageront. Et si la vision est très forte, ils s'engageront malgré la difficulté et les obstacles.
Les enfants parlent de Noël toute l'année, ils se projettent. Pour les salariés, c'est la même chose.
Pierre, il faut que tu balises le chemin vers la vision par des objectifs qui doivent être

<u>C</u>lairs , <u>A</u>ccessibles et <u>P</u>artagés par tes collaborateurs.
C'est en donnant ce CAP que tu dirigeras ton entreprise dans la direction souhaitée. »

Pierre souriait de ce moyen mnémotechnique utilisé par le père Noël. Donner le CAP pour diriger une entreprise, comme le ferait un capitaine de navire, l'idée était séduisante.

Au delà de l'aspect plaisant de cette image, il entrevoyait également les modifications qu'il aurait dû apporter à son management passé.

Il fixait certes des objectifs à ses collaborateurs, mais ils ne les partageaient pas toujours. Il se rendait compte que certains objectifs n'étaient sans doute pas toujours très clairs - voire incompréhensibles par manque de vision - et que l'inaccessibilité de certains autres devaient décourager même les plus motivés.

Pierre était perdu dans ses pensées. Il imaginait une autre façon de travailler, une autre manière d'aborder l'entreprise et ses challenges.
Il se rendait compte que l'envie de créer quelque chose de nouveau, quelque chose de différent, était en train de monter.
Il avait à nouveau envie de se battre, pour son entreprise, pour ses collaborateurs, pour lui.
Cette discussion avec le père Noël lui avait redonné une énergie nouvelle, une énergie

et une force comme il n'en avait plus ressenties depuis longtemps.
Il se sentait dans la peau d'un insurgé passionné, montant sur la barricade avec le drapeau et haranguant les combattants pour qu'ils se battent.
Il se dit que Bonaparte au pont d'Arcole devait ressentir la même envie, cette envie d'entraîner les autres à la victoire, en montrant le chemin et en portant haut ses couleurs.

Le père Noël laissait Pierre à sa rêverie.
Il avait débarrassé la table et remis une bûche dans la cheminée.
La danse des flammes dans l'âtre et cet appétit qu'elles avaient à dévorer ce nouveau festin réchauffait le cœur et le corps de Pierre.

Ces flammes qui couraient sur la bûche, il se rendait compte que c'étaient les braises qui étaient là il y avait une minute à peine.
Il avait suffit d'un peu de bois et d'un léger souffle pour qu'elles grandissent à nouveau.

Un challenge et un nouveau souffle, c'était ce qu'il fallait pour lui et son entreprise.
Le discours du père Noël lui avait redonné l'appétit pour conquérir à nouveau le monde. Alors qu'il se réjouissait de ces images et qu'il ressentait profondément le bien qu'elles lui faisaient, une question nouvelle s'imposa à lui.

« - Père Noël, tout ce que vous m'avez déjà dit m'a ouvert énormément les yeux et je vous en remercie du fond du cœur. Si vous permettez, je souhaite vous poser deux questions un peu plus « pratico pratiques ». La première sur la manière d'atteindre les objectifs et la seconde sur la façon de les inscrire dans la vision. Quoi faire, ou plutôt comment faire ? Comment faire pour atteindre les objectifs qu'on s'est fixé avec les collaborateurs ?

- C'est une bonne question Pierre. Là nous allons aborder la partie opérationnelle de l'affaire.
Tout est une question de méthodes.

- De méthodes ? Ce ne serait pas plutôt une question de moyens ?

- Non c'est d'abord une question de méthodes et ensuite seulement une question de moyens.
Les moyens doivent être au service des méthodes et pas l'inverse.
J'observe toute l'année les manières de faire des managers et la confusion est souvent présente.
Ceux qui mettent les moyens au cœur du dispositif, avant les méthodes, se trompent.
Les méthodes sont mises en place pour atteindre les objectifs, qui sont le balisage du chemin vers la vision.
Les moyens arrivent ensuite.
Prenons un petit exemple simple :
Imaginons que ta vision soit :
Une fois par an, à la même date, partout dans le monde, chacun recevra un cadeau qui lui prouvera que quelqu'un a pensé à lui. En plus, cette vision sera assurée par les valeurs que sont Ponctualité, secret, plaisir.
Si tu veux atteindre ton objectif tous les ans, il faut commencer par le réussir une fois un

an et que cela se réalise dans de bonnes conditions.
Si c'est possible une fois, c'est possible une autre fois. De la confiance naît la confiance.
Alors il faut réfléchir aux méthodes à mettre en place et ensuite aux moyens pour que ces méthodes soient efficaces.
Pour ce qui me concerne, étant donnée l'ampleur de la tâche, la méthode retenue a été que chacun chercherait un cadeau pour les autres et en recevrait un des autres.
Ceci étant posé, il peut le trouver quand il veut, où il veut. Il peut le fabriquer lui-même ou l'acheter tout fait. Il peut y mettre beaucoup d'argent ou juste souligner le geste.
Après viennent les moyens : Les gens eux-mêmes, les magasins de jouets, de sport ou de décoration. Et depuis peu Internet pour les voyages, les livres et tout le reste.
Mettre les moyens avant les méthodes, c'est prendre le risque de ne pas atteindre les objectifs ou de ne pas respecter ses valeurs.
Pour la politique salariale, c'est fréquemment ce raisonnement qui est aux commandes.

J'ai tel collaborateur, que vais-je bien pouvoir lui faire faire ? Alors que le raisonnement logique serait plutôt : j'ai tel travail, qui pourrait le faire ?
Il est flagrant de constater que les collaborateurs réclament souvent des moyens alors que le problème est du ressort des méthodes.
Quand on veut arriver à l'heure quelque part, le choix est simple. Par la méthode on part plus tôt et on arrive à l'heure, et quand on manque de méthode on demande un véhicule qui va plus vite.
Avec peu de moyens et de bonnes méthodes tu peux faire beaucoup Pierre.
Il n'est pas nécessaire d'avoir dix millions de père Noël et 8 millions de rennes qui sillonnent le ciel la nuit de Noël pour livrer les hommes. Il suffit que chacun soit le père Noël d'un soir pour que ça marche.
Pour que les cadeaux puissent être dans les chaussures de chacun au même moment partout dans le monde, il ne pouvait y avoir qu'une seule méthode.
Même dans un appartement sans cheminée, fermé à triple tour, un enfant aura ses

cadeaux le soir de Noël. Et ce n'est pas une question de moyens, c'est une question de méthode.
En plus, comment pourrais-je savoir ce qui ferait plaisir à chacun ? Car je te rappelle qu'une des valeurs que je revendique, c'est le plaisir !

« - C'est vrai que ce serait difficile, même avec un million de pères Noël.

- Et justement Pierre ! Comment sais-tu, pour ce qui te concerne, quoi offrir le soir de Noël à ceux que tu aimes ?

- J'essaie de me renseigner discrètement, ou alors je demande franchement, ou alors j'écoute lorsqu'il y a une demande, je la note et je cherche le cadeau correspondant.

- En fait Pierre, ta méthode pour savoir quoi offrir, c'est le dialogue et l'écoute ! C'est ça ?

- Oui, c'est un peu ça.

- Et cette méthode, est ce que tu l'appliques dans ton entreprise ? Est ce que tu demandes aux collaborateurs que qu'ils aimeraient recevoir et comment ils aimeraient être traités? Est ce que tu es à l'écoute des attentes de chacun ? Est ce que tu cherches à les satisfaire ?

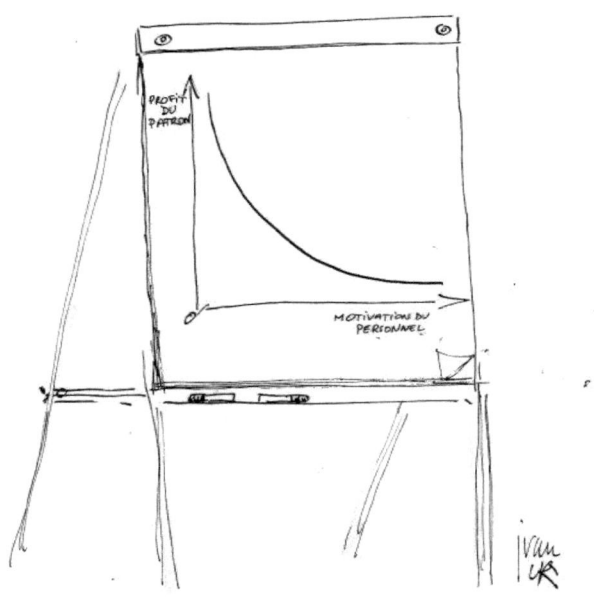

Pierre comprit tout de suite où voulait en venir le père Noël. Il savait très bien qu'il n'était plus vraiment à l'écoute des uns et des autres ces derniers temps et que les réunions tenaient plus du monologue que du véritable échange.
Sans doute la faute au stress et à sa difficulté à prendre du recul.
Il se voyait pestant contre le manque de moyens alors qu'il aurait pu faire différemment s'il s'était penché sur les méthodes à utiliser.

Il se rappelait ce livre qu'il avait lu sur le management et la cuisine. Il y était montré qu'un bon cuisinier, même avec juste un œuf, un peu de farine et du lait pouvait faire d'excellentes crêpes, simplement parce qu'il avait un bon tour de main.
Et qu'il ne lui fallait pas simplement plus de lait, une farine différente ou des œufs spéciaux.

Il se dit que désormais, il animerait ses réunions différemment en privilégiant la méthode aux moyens. Il prit la résolution qu'il arrêterait d'utiliser systématiquement

PowerPoint pour faire de la formation au détriment de l'échange et d'un contact plus personnalisé avec les stagiaires.
Il se promit de faire en sorte que les moyens ne seraient pas la compensation d'un manque flagrant de méthode mais un support pour la méthode.
Il comprenait parfaitement que le père Noël avait fait en sorte d'économiser les moyens par une méthode efficace et pragmatique.
Il voyait parfaitement le lien entre ce qu'avait fait le père Noël et ce qu'on appelait la délégation dans tous les manuels de management.
Il visualisait aussi avec honte tous ces moyens fournis et offerts, à peine utilisés puis jetés parce qu'ils ne correspondaient à aucune méthode efficace.
Il pensait aux moyens qui s'autoalimentaient tout seuls, comme le téléphone portable qui devait nous permettre d'être plus libre et accessible mais qui - à force de sonner tout le temps - avait engendré le besoin d'une messagerie pour filtrer les appels.

Finalement cette réflexion le rendait plus serein puisque sa conséquence directe était de remettre les individus au centre du processus.
C'est par la réflexion sur la manière de faire que viendront la ou les solutions. Ainsi, la récrimination sur le manque chronique de moyens ne masquera pas l'essentiel.

Sa détermination se renforçait quant à sa propre situation. Pour redresser son entreprise, il commençait à réfléchir différemment. Là où, il y avait encore quelques heures, il s'apitoyait sur son manque de moyens pour la sauver, il raisonnait maintenant en terme de méthode.
Il abandonnait le combien pour s'atteler au comment.
Tout commençait à se mettre en place.
Sa vision s'affinait, les valeurs qu'il considérait comme essentielles étaient là, les objectifs étaient clairs et maintenant les méthodes à appliquer et les moyens pour les rendre possibles prenaient corps.
Il revivait. Il sentait la force de l'énergie créatrice bouillonner en lui. Il avait envie de

se lancer tout de suite, d'aller à son bureau, d'allumer les lumières, d'ouvrir les portes en grand et de crier son plaisir. C'était comme une vague qui le portait. C'était comme s'il était cette vague, que rien ni personne ne pourrait arrêter.

« - Père Noël, je ne vous remercierai jamais assez. Tous vos conseils m'ont donné une pêche formidable. J'ai hâte de commencer. Si vous pouviez me ramener maintenant vous seriez bien aimable.

- Tu vas rentrer Pierre, ne t'inquiètes pas. Mais il te manque encore quelques clés importantes, dont il faut que nous parlions tous les deux.

- Ah bon, vous en êtes sûr ? Pourtant tout me semble très clair. En fait, c'est comme un être humain : Les yeux et la vision pour savoir où aller, les valeurs comme un cœur pour donner vie au projet, les objectifs comme colonne vertébrale pour structurer l'action, les méthodes et les moyens comme jambes pour avancer.

Il ne me manque rien. Tout y est.

- L'analogie avec le corps humain est intéressante. Je la réutiliserai, sois en sûr. Et pourtant, il te manque encore deux points, qui peuvent d'ailleurs parfaitement s'inscrire dans ton image.

- Deux points ? De quoi s'agit-il ?

- Le premier point qui te manque, pour reprendre ton exemple, c'est le système de contrôle, le système de mesure. Le corps humain est constamment contrôlé par des boucles de rétroaction qui signalent que nous allons trop vite, qu'il fait trop chaud, qu'il faut arrêter, qu'il faut repartir …etc.
Seul un système de mesure adapté permet de réussir dans ton projet.

- D'accord s'il faut mesurer je mesurerai mais que dois-je mesurer exactement ?

- La mesure doit s'appliquer sur tous les autres points que nous avons évoqués.

La mesure va s'appliquer d'abord sur la vision. Sur la tienne mais aussi sur celle des collaborateurs de l'entreprise.
Parle-t-on de la même chose quand on parle ensemble de la vision ?
Quand tu recruteras, il sera bien que tu questionnes les candidats sur la vision qu'ils ont d'eux mêmes et de l'entreprise à cinq ans.
D'ailleurs, n'est ce pas ce que tu faisais il y a maintenant quelques années lorsque tu cherchais une compagne pour la vie ?
Ne parliez-vous pas ensemble de ce que serait votre vie, de ce que vous aimeriez être dans dix ans ? »

A ces mots Pierre ressentit une émotion très forte.
Il se souvenait parfaitement de ces discussions avec Anne sur leur avenir et sur ce qu'ils avaient envie de devenir.
Et en y repensant, il mesurait également combien il s'était égaré et comme la vision qu'il avait à l'époque était loin de ce qu'il vivait aujourd'hui.

Anne était partie. Elle s'était pourtant battue pour que la vision commune qui les avait soudés se réalise. Puis, à force de disputes et de combats perdus, elle avait lâché prise. Elle avait laissé Pierre partir sur son chemin. Elle était restée fidèle à ses idées et elle avait refusé la vision d'une vie, d'un quotidien qui ne lui convenait pas.
L'image d'Anne, de ses éclats de rire et de son sérieux quand elle défendait ses idées, généra à Pierre une émotion telle qu'il se mit à trembler comme s'il avait froid.

« - Pierre, tu veux que je rajoute une bûche dans la cheminée ? » demanda le père Noël, surpris de ce brusque changement d'attitude.

« - Merci mais ça va passer. C'est juste que je prends conscience qu'en effet, la mesure doit s'appliquer à tout, tout le temps.

- Bien sûr. Et c'est un système sans fin.
La vision doit être sans cesse réactualisée car l'environnement change, les mentalités

et les habitudes évoluent, les attentes se modifient.

- Mais il faut aussi mesurer les valeurs ?

- Absolument. Est-ce que les valeurs sont comprises et partagées ? Est-ce qu'elles ne sont pas dévoyées, contournées, voire reniées et abandonnées. Les valeurs ce sont comme les couleurs d'une équipe sportive ou les armes sur un blason.
Les valeurs sont plus fortes que les individus. Elles les transcendent et les motivent quand elles sont justes et partagées.
Dans ton entreprise, peut être que les valeurs ont fini par être diluées, réduites à rien, inexistantes.

- C'est sûr, je prends conscience que je n'ai pas été vigilant au quotidien, que je n'ai pas bien mesuré les écarts entre les valeurs prônées et les valeurs affichées.
C'est un point sur lequel je ne me ferai plus piéger.

- Et pour les objectifs, c'est la même chose. Même si là, en général, il n'y a pas trop de problème de contrôle.
Bien mesurer que l'on est sur le chemin, que l'on passe les bonnes balises, en temps et en heure, c'est un facteur clé de succès.

- J'ai bien compris le message. Tous les points sont à contrôler. Il faut mesurer également les méthodes car un objectif atteint par une mauvaise méthode n'est pas très rassurant pour l'avenir.

- Et oui, si un enfant ramène un vingt sur vingt en dictée, il atteint l'objectif. Mais s'il a triché pour l'obtenir, cela ne présage rien de bon pour son avenir.

- Je me rends bien compte, en y réfléchissant maintenant, que jusqu'à présent j'étais plus obnubilé par les résultats obtenus que par les méthodes employées pour les obtenir. J'ai fait fausse route par manque de mesures.

- Eh oui ! C'est comme pour les moyens.

Mesurer en permanence la bonne adéquation entre les moyens nécessaires et les moyens fournis est de la responsabilité du manager qui se veut responsable.
Les objectifs changent, les méthodes changent, peut-être faut-il changer les moyens.
Tout est imbriqué en boucles de rétroaction successives. Imaginons que la vision soit d'offrir un service sur mesure pour chaque client. L'une des valeurs définies est la réactivité. L'un des objectifs est de répondre à chaque appel téléphonique avant la troisième sonnerie. La méthode préconise un accueil personnalisé et les moyens fournis sont constitués par cinq lignes téléphoniques en entrée et un seul opérateur pour y répondre.
Les moyens humains étant insuffisants, la méthode ne pourra pas être appliquée, les objectifs ne seront pas atteints et surtout une des valeurs phare de l'entreprise sera bafouée.
Il faut se donner les moyens de ses valeurs.
Moi-même, avec mon simple traîneau et mes rennes, je ne pouvais pas donner corps

à ma vision. Pour atteindre mes objectifs, il m'a fallu repenser la méthode et trouver d'autres moyens plus adaptés au projet.

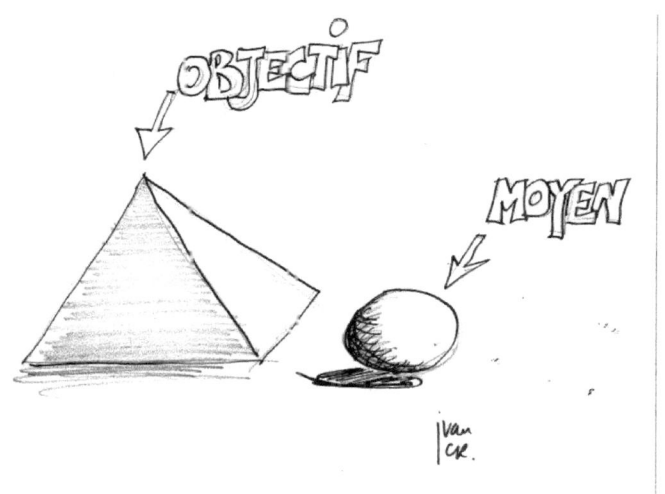

- Oui mais vous avez dû faire entrer d'autres personnes dans le circuit. Il a fallu faire agir les parents pour qu'ils prennent le relais et assurent votre mission.
Et faire travailler les autres, c'est ce qu'il y a de plus difficile. La vraie question est peut être celle là. Comment motiver les autres pour qu'ils agissent ?

- C'est vrai, la motivation, c'est la question centrale. C'était le point que je voulais évoquer avec toi après celui de la mesure. En effet, sans motivation, il ne peut pas y avoir d'action. Mais pour avoir un début de réponses, nous pourrions poser la question à l'envers. Ca donnerait quelque chose comme ça. Comment faire pour démotiver les autres ? Tu as des idées sur la question ?

- Bien sûr ! Proposons leur une vision qui ne leur correspond pas. Noircissons le tableau et montrons leur que ce qui les attend, c'est de la tristesse et de la peur. Et encore, la peur ça pourrait les faire bouger. Proposons leur le flou complet, le brouillard. Là ils ne devraient pas bouger. Ou alors tout doucement.

- Bien, c'est un axe qui devrait les démotiver. Quoi d'autre ?

- Les valeurs ! Proposons leur d'adhérer à des valeurs auxquelles ils ne croient pas ou des valeurs qui vont à l'encontre de l'éthique

la plus élémentaire. Ça devrait bien marcher aussi.

- Excellent. Je vois que les idées ne manquent pas.

- Les objectifs également pourraient être source de démotivation.

- Comment ça ?

- Proposons leur des objectifs inaccessibles, peu clairs et sujets à caution. Si possible antagonistes afin qu'ils ne puissent pas s'en sortir. S'ils en réussissent un, par chance, il faut qu'ils perdent sur l'autre. Ca serait fort en démotivation.

- Et les méthodes Pierre ! Avez-vous pensé aux méthodes ?

_ Non seulement j'y pensais mais j'imagine bien qu'en couplant un déficit de méthodes avec un manque criant de moyens, il est possible de frustrer un maximum de monde.

Vous vous rendez compte père Noël, obliger les collaborateurs à utiliser une méthode inadaptée, et en plus leur fournir des moyens qui ne servent à rien.

- Eh bien Pierre, je vois que ta créativité sur le thème est sans limites. Je pourrais presque croire que c'est du vécu ! »

Pierre s'arrêta net.
Les mots du père Noël le ramenaient à sa propre expérience de manager d'entreprise et il se rendait compte que le père Noël avait volontairement formulé la question à l'envers pour lui faire prendre conscience de ses propres pratiques.
Il s'étonnait du manque de motivation de ses collaborateurs mais en y réfléchissant bien, il se dit que par ses pratiques quotidiennes, il avait sans doute démotivé jusqu'à ses plus fidèles supporters.

« - Alors Pierre, je répète ma question. Comment motiver ses collaborateurs ?

*- En leur proposant une vision qui les anime, dans laquelle ils s'identifient.
En mettant en avant des valeurs porteuses de sens, des valeurs dont les collaborateurs seront fiers et pour lesquelles ils auront envie de se battre.
En fixant pour chacun des objectifs qui soient spécifiques, mesurables, accessibles et cohérents.
En définissant avec eux des méthodes à mettre en place dans lesquelles ils s'identifient, qu'ils ont envie d'appliquer.
En leur fournissant des moyens adaptés à la pratique des méthodes.*

*- Voilà. Tu as tout à fait compris. Tu te rends bien compte qu'en jouant sur la vision, les valeurs, les objectifs, les méthodes et les moyens tu pouvais agir sur le moral de tes troupes. En mesurant ces cinq paramètres et en veillant à mettre la motivation à chaque étage, tu peux doper le personnel.
Dans ton exemple d'être humain, la motivation c'est le sang, ce sang qui irrigue tous les organes. Un discours motivant et c'est un sang riche en oxygène qui permet*

aux champions de gagner, quel que soit l'obstacle, quel que soit le danger.
Un discours démotivant et l'oxygène viendra à manquer. Ce sera alors le gaz carbonique qui ralentira le corps, qui embrumera l'esprit et qui fera abandonner le sportif perclus de crampes.

- J'ai bien compris la leçon. En fait tout était là, sous mon nez et je n'avais rien vu.

- Tu sais Pierre, tu n'es pas le seul dans ton cas et tous les ans j'ai des interventions managériales à faire.

- Vous voulez dire que tous les ans vous passez Noël avec un chef d'entreprise ou un manager ?

- Oui mais à condition qu'ils fassent appel à moi, comme tu l'as fait ce soir. S'ils ne font pas de souhait, je n'interviens pas. Ils restent dans leurs schémas de pensée et d'action et cela se finit mal en général.
En plus, je n'interviens que la nuit de Noël, c'est la règle.

- C'est dommage, vous feriez des affaires en or comme consultant.

- Peut-être mais là aussi, dans ce domaine, j'applique la même vision et les mêmes valeurs que pour mon activité de père Noël.

- C'est à dire ?

- Une fois par an, à la même date, partout dans le monde, chacun recevra un cadeau qui lui prouvera que quelqu'un a pensé à lui. Et si je suis le seul à le faire, l'efficacité finale risque d'être faible. Alors que si chacun le fait un peu, il en sera tout autrement. J'aimerais que tu appliques cela avec tes collaborateurs et tous ceux que tu aimes. J'aimerais que tu leur fasses le même cadeau que celui que je viens de te faire. J'aimerais que tu partages avec eux le message afin qu'eux aussi puissent le transmettre.
Ainsi, dans quelques années, il y aura le père Management, au même titre qu'il existe aujourd'hui un père Noël.
Il y a en chacun de nous le père Noël parce

qu'il y a en chacun de nous l'enfant qui y croyait. »

Pierre était sous le charme. Il écoutait la voix du père Noël mais il était déjà ailleurs. Il s'était dédoublé. Il était ici mais il était aussi chez lui, parlant à ses amis de sa merveilleuse nuit. Il était ici et il était dans son entreprise en train d'expliquer que tout repartait sur de nouvelles bases. Il était ici et il était partout en même temps. Il était comme un père Noël. Il était un et il était plusieurs, toujours le même mais débordant d'énergie pour chacun.

Il avait fermé les yeux et toutes les images se superposaient, tout en restant parfaitement nettes.
Elles étaient imbriquées les unes dans les autres, pour former un kaléidoscope de moments de vie, tous plus forts les uns que les autres.
Il lui suffisait de se concentrer sur un point particulier pour avoir l'image plein champ. Dès qu'il en avait fait le tour, il passait à une autre, puis une autre et ainsi de suite.

La mosaïque semblait sans fin. Le message s'appliquait partout, comme une analogie qui se serait voulue universelle. Et toujours, l'enthousiasme était au rendez-vous et les résultats s'en ressentaient.
Pierre était impressionné en tant que spectateur mais surtout, il ressentait ce besoin d'être acteur, d'être lui aussi un vecteur de changement.
L'exaltation le gagnait de plus en plus et il se dit qu'il fallait que le père Noël le ramène le plus vite possible, pour qu'il commence à agir.
Il ouvrit les yeux et là, ce fut la surprise totale.
En lieu et place de la petite maisonnette du père Noël, avec son petit salon et sa cheminée qui fumait, il se retrouvait dans son salon, assis dans son fauteuil préféré.
Le sapin de Noël était toujours en place et il clignotait de toutes ses lumières comme autant de clins d'œil qui lui seraient adressés.

« - Ce n'est pas possible, j'aurais rêvé » dit Pierre à haute voix.

« Tout cela aurait été le fruit de mon imagination ?
Pourtant, tout semblait si réel. Tout était si vrai. J'ai même encore dans la bouche le goût du repas et je sens encore si nettement l'odeur des bûches dans la cheminée. »

Il se leva et regarda autour de lui. Rien n'avait bougé. Tout était en ordre, exactement comme avant.
Il alla dans le vestibule. Ses vêtements chauds étaient là, bien accrochés à leur patère, comme d'habitude.
Voulant en avoir le cœur net, il alla à la porte du fond, celle qui donnait sur le jardin.
Il devait bien y avoir les traces du traîneau, ces deux traînées parallèles dans la neige qu'il avait vues quand il avait ouvert la porte.
Il neigeait toujours et le manteau blanc était vierge de toutes traces. Et même s'il n'y en avait jamais eu un jour, elles étaient effacées depuis longtemps.
Rien, il n'y avait rien qui prouvait que tout ce qu'il avait vécu était réel. Il ne pourrait rien montré à quiconque qui prouve qu'il avait

vécu quelque chose d'exceptionnel. Il ne pourrait pas dire que le père Noël existait car il l'avait rencontré personnellement et qu'il avait passé la nuit avec lui. La nuit ? D'ailleurs, quelle heure était-il ? Il devait être le matin, vu le temps qu'il avait passé !

Pierre regarda sa montre. A sa grande surprise, il constata qu'elle était arrêtée sur minuit. C'était la première fois que cela arrivait depuis quinze ans qu'il avait cette montre.

En regardant l'horloge de la salle, il vit avec stupeur qu'elle aussi était arrêtée à minuit. Il eut beau chercher dans la maison, toutes les montres, pendules et autres minuteurs s'étaient arrêtés sur minuit pile.

Pierre alluma la télévision pour en avoir le cœur net et il sut alors qu'il était minuit et dix minutes.

Cela signifiait que si le père Noël était venu à minuit, comme le veut la tradition, il n'était parti que dix minutes en tout.

Dix minutes pour faire le trajet en traîneau, dont il se souvenait parfaitement, pour manger cet excellent repas, pour échanger

sur le canapé, face au feu. Et en plus, dans ces dix minutes, le père Noël avait eu le temps de le ramener alors qu'il méditait les yeux fermés.
Dix minutes pour faire tout cela, ce n'était pas possible.
Il avait eu une hallucination. Il avait rêvé. Un beau rêve, certes, mais un rêve tout de même.
Pourtant, il se souvenait de tout nettement. De cet exposé sur la vision, de l'importance des valeurs. Du balisage du chemin par les objectifs, des méthodes à imaginer et des moyens pour les réaliser. Il se souvenait parfaitement de l'utilité des mesures et surtout il ressentait encore en lui l'exaltation de la motivation.
Il avait peut-être simplement rêvé mais son état d'esprit en avait été modifié.
Entre l'homme abattu qui s'était assis dans son fauteuil et celui qui s'en était levé, il y avait un monde.
Il y avait un monde d'envie, un monde de volonté, un monde de mouvement.
Passée la petite déception de réaliser que tout cela n'avait jamais vraiment existé,

Pierre ressentait en lui le besoin de repartir au combat de la vie.
La remise en questions de son existence l'avait transformé et lui montrait qu'il fallait changer.

Tout lui semblait plus clair. Il trouvait des parallèles - entre son expérience présente et ses expériences passées - partout. Une remise en questions justement, n'est ce pas une remise en mouvement ?
N'est ce pas quand une société se pose des questions qu'elle avance plus sûrement ?
Son expérience passée, où il fonçait tête baissée sans se poser la moindre question, lui montrait bien la justesse de son nouveau raisonnement.

Et sa notion du client aussi avait évolué. Le père Noël lui avait montré qu'à partir du moment où il y a partage d'une vision claire et de valeurs fortes, les personnes évoluent vers une dimension d'adhérent, avec des droits et des devoirs.
Ils passent alors de la dimension du client, qui consomme sans implication et sans

efforts, à cette dimension de l'adhérent qui équilibre les efforts et les récompenses.

Il sentait qu'il avait envie de reconstruire son entreprise sur ces nouvelles bases, quitte à devoir se passer de ceux qui n'adhéreraient pas.

Il voyait clairement que c'était les questions posées qui faisaient avancer la réflexion. D'ailleurs, la manière de retourner la question sur la motivation l'avait comme illuminé.
Si les questions qu'on se pose nous font avancer, les questions que nous poserons aux autres nous feront avancer encore plus.

C'est en questionnant que chacun découvre quel cadeau offrir, quel cadeau sera le plus adapté et fournira le plus de plaisir.
En fait, ce n'est pas simplement en posant les questions, mais surtout en écoutant les réponses qu'il est possible d'avancer.

Pierre se remémorait tout à coup tous ces séminaires auxquels il avait assistés et tous ces livres qu'il avait feuilletés où il était question d'empathie, de se mettre à la place des autres, d'écoute et d'observation.

Jusqu'à présent, tout cela avait glissé sur lui comme l'eau glisse sur les plumes d'un canard. Il avait parfois été touché, il s'était ébroué et hop, tout était redevenu comme avant. Il était bien au sec, à l'abri, protégé.

Il avait tellement vécu les autres comme des étrangers, comme des corps extérieurs qui ne pouvaient rien lui apporter, qu'il était passé à côté de l'essentiel.
L'échange, la confrontation des idées, une vision partagée et enrichie, voilà ce qu'il avait loupé pendant toutes ces années. Il s'en rendait compte aujourd'hui.

Pourtant, ses études de chimie lui avaient montré que l'uranium enrichi, qui développe une énergie considérable, venait d'un ajout d'atome différent dans un uranium stable.
C'est l'instabilité qui permet le mouvement, donc l'avancement. C'est le paradoxe du

cycliste qui, parce qu'il est en déséquilibre –
vers l'avant - est en équilibre latéral.

Quand on avance, on est en déséquilibre.
On ne doit pas craindre le déséquilibre car
le déséquilibre c'est la vie, c'est le
mouvement.

Pierre méditait, comme il le faisait lorsqu'il
croyait être avec le père Noël. Il n'avait pas
peur, au contraire. Il ressentait une totale
sérénité, une plénitude incroyable. C'était un
sentiment fort et puissant, comme il n'en
avait encore jamais ressenti.

Il se sentait empli de confiance, en totale
harmonie avec le monde qui l'entourait et il
avait maintenant hâte de s'atteler à la tâche.

Pierre resta toute la nuit à réfléchir. Il
explora toutes les facettes de son nouveau
savoir, comme un enfant fait le tour de ses
jouets le jour de Noël.

Même si cela n'avait été qu'un rêve, c'était un rêve de Noël et après tout, le père Noël peut se manifester de différentes façons.

Ainsi en était-il de son état d'esprit quand il prit son petit déjeuner.
Il avait décidé qu'il allait mettre toutes ses réflexions et ses idées par écrit afin d'en faire une synthèse et commencer à réfléchir sur sa vision des cinq ans à venir.

En fouillant dans la poche de sa veste pour en extraire son stylo, Pierre remarqua que la poche de son manteau était toute gonflée, comme si elle était pleine de quelque chose.

En fouillant dans cette poche, il extirpa un petit paquet qu'il n'avait jamais vu. Ce petit paquet était enveloppé d'un papier cadeau qu'il ne connaissait pas. Il était sûr et certain que ce paquet n'était pas dans sa poche la veille au soir. Il avait accroché son manteau en arrivant et il n'y avait plus touché. Sauf dans son rêve bien sûr.
Pierre fut pris d'un doute terrible. Fébrilement, il déchira l'emballage et ouvrit le paquet.
Il y avait à l'intérieur un petit calepin d'écolier, comme ceux qu'il avait eu quand il avait dix ans.
Pierre l'ouvrit et il reconnut tout de suite son écriture. Ou plutôt celle qu'il avait quand il était enfant. Celle qu'il avait quand les rêves de grandeur et de gloire étaient du domaine du possible et que la vie ne les avait pas encore réduits à néant.

« Ce vieux calepin est bien à moi. Mais qui diable peut l'avoir retrouvé, emballé et fourré dans ma poche le soir de Noël ?

D'ailleurs cet emballage, d'où vient-il ? Peut-être qu'en en retrouvant l'origine, je pourrais retrouver l'auteur de ce cadeau ! »

Pierre réfléchissait en scrutant l'emballage. C'était un drôle de papier. Il représentait un ciel étoilé, traversé par un traîneau tiré par huit rennes. Et sur ce traîneau, évidemment il y avait le père Noël.

Tout à coup, alors qu'il regardait plus attentivement le papier, il resta sans voix. Le père Noël qui était sur ce traîneau, c'était son père Noël. Il en était sûr. C'était le père Noël avec qui il avait passé la nuit. Il le reconnaissait parfaitement. Il reconnaissait même les rennes. Rien ne manquait, tout y était. Même la petite maison sur le bord de son lac gelé.
Il en était sûr maintenant. Il n'avait pas rêvé. Tout s'était bien passé comme dans son souvenir. Tout était vrai.

Fébrilement, il ouvrit le carnet à la première page, la parcourut, en lut une autre, puis une autre. Il n'avait maintenant plus aucun doute sur la réalité de son expérience. Sous ses yeux, il y avait toutes ses notes de la nuit; ses croquis et ses esquisses, ses premières ébauches de réflexion.

Tout était noté et dessiné, à la différence près que ces notes et ces dessins c'étaient ceux d'un enfant de dix ans. Les notes et les dessins d'un enfant qui croyait encore au père Noël.

Pierre sourit et porta le calepin sur son cœur. C'était décidé, les dés étaient jetés.

Il allait repartir du début. Il savait où il voulait aller et il connaissait le chemin qu'il allait suivre pour réussir. Il sentait que tout était en place pour que le succès soit au rendez-vous. Il savait qu'il y avait une bonne étoile dans le ciel pour le guider. Il pensa qu'il n'avait pas passé un si bon Noël depuis bien longtemps.

Du bout des doigts il toucha le gros bonhomme rouge à la barbe blanche qui motivait ses rennes et les encourageait à tirer plus vite son lourd traîneau chargé de multiples cadeaux.

Submergé par l'émotion, les larmes au bord des yeux, il murmura tout bas :

« Merci pour tout ! »

Epilogue

Pierre sauva son entreprise.
Il proposa à ses collaborateurs de partager une vision à cinq ans.
Ensemble, ils dépoussiérèrent et clarifièrent les valeurs de l'entreprise.
Pierre et ses collaborateurs mirent en place les objectifs annuels, divisés en objectifs trimestriels pour baliser le chemin.
Les collaborateurs de Pierre trouvèrent eux même les méthodes les plus appropriées pour atteindre les objectifs définis.
Pierre attribua les moyens nécessaires pour que les méthodes fonctionnent.
Un système de mesures fut mis en place pour suivre l'ensemble du processus.
Pierre ne manqua jamais plus une occasion de motiver ses collaborateurs.

Anne était revenue.

Aujourd'hui, l'expression favorite de Pierre, celle qu'il utilise le plus souvent, c'est :
« Merci pour tout !»

Quelques notes de Pierre

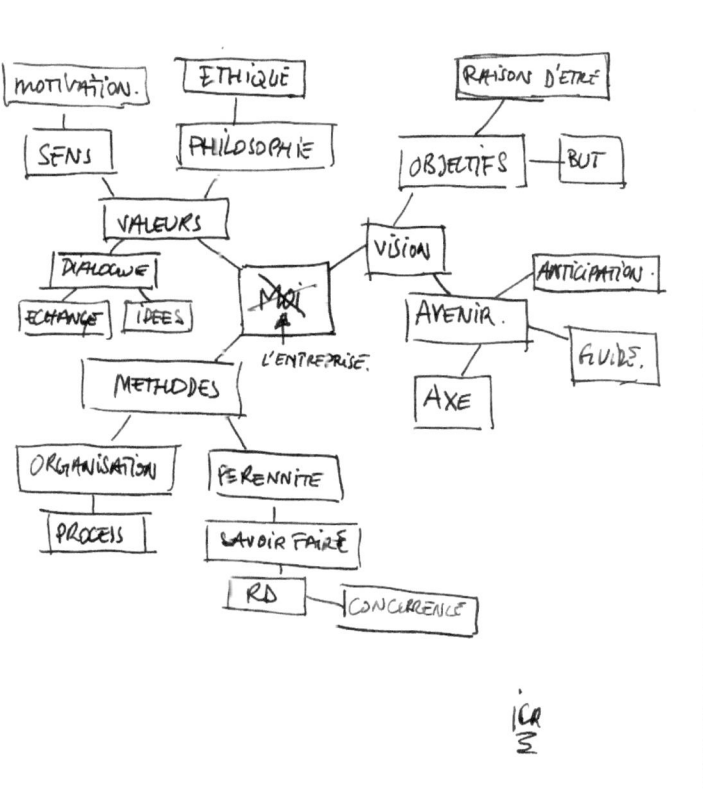

Quelques esquisses et croquis

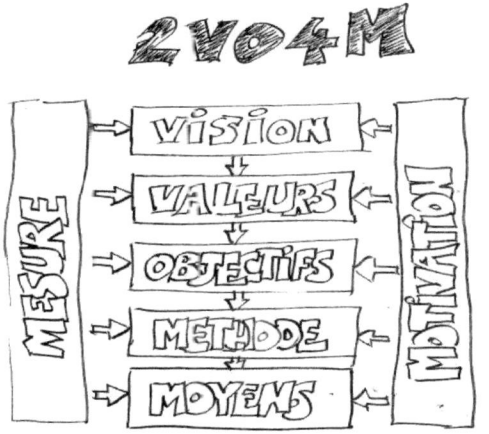

Quelques citations notées par Pierre

QUI NE PREND PAS LE TEMPS
EST PRIS PAR LE TEMPS

LE DIRE FAIT RIRE
LE FAIRE FAIT TAIRE

L'EQUIPE QUI GAGNE ?
C'EST CELLE QUI MULTIPLIE LES TALENTS
EN ADDITIONNANT LES DEFAUTS

L'EQUIPE QUI PERD ?
C'EST CELLE QUI MULTIPLIE LES DEFAUTS
EN ADDITIONNANT LES TALENTS

UN VENDEUR QUI VEND NE CHERCHE PAS
UN VENDEUR QUI CHERCHE NE VEND PAS

LES MOYENS RECLAMENT DES MOYENS
LES MEILLEURS RECLAMENT UNE VISION

QUI MANQUE DE MESURES MANQUE DE MESURE

QUI N'A PAS DE VALEURS N'A PAS DE VALEUR

LA DIFFERENCE ENTRE UN ADULTE ET UN ENFANT ?
C'EST LE PRIX DE SES JOUETS

CE N'EST PAS LA PENTE DE LA MONTAGNE QUI FAIT MAL AUX
JAMBES. C'EST LE CAILLOU QU'ON A DANS SA CHAUSSURE.

QUI NE CROIT PAS AU PERE NOËL
TROUVE L'HIVER BIEN FROID

Le test créé par Pierre pour faire le point dans son entreprise :

GRILLE DE REFLEXION MANAGERIALE

QUESTIONS	OUI	NON
VISION 1) Vous avez une vision suffisamment claire de ce que devrait être votre société dans les 5 ans qui viennent.		
2) Vous partagez souvent cette vision avec vos collaborateurs		
3) Si nous interrogions vos collaborateurs, ils sauraient nous décrire avec netteté la vision que vous avez en tête.		
VALEURS 4) Vous sauriez décrire les 3 valeurs supports sur lesquelles s'appuient vos actions et vos décisions.		
5) Vos collaborateurs sauraient décrire eux aussi ces 3 valeurs		
6) Vous communiquez régulièrement sur ces valeurs après de votre équipe		
OBJECTIFS 7) Les objectifs de l'entreprise sont fixés régulièrement		
8) Les collaborateurs sont informés des objectifs qu'ils ont à atteindre		
9) Les collaborateurs adhèrent toujours aux objectifs fixés		
TOTAL DES OUI		
TOTAL DES NON		

QUESTIONS (Suite)	OUI	NON
METHODES 10) Les collaborateurs sont régulièrement formés aux nouvelles méthodes de travail		
11) Il y a une trace écrite des méthodes utilisées au quotidien		
12) Vous vous informez régulièrement de la manière dont d'autres travaillent ailleurs		
MOYENS 13) Vos collaborateurs ont à leur disposition tous les moyens nécessaires pour atteindre les objectifs.		
14) Vous communiquez régulièrement sur les moyens à disposition des collaborateurs		
MESURE 15) Il y a des points réguliers sur l'activité et l'atteinte des objectifs		
16) Il y a un examen régulier des méthodes employées		
17) Le client est interrogé à intervalle régulier pour donner son avis sur la qualité de service reçu		
MOTIVATION 18) La motivation est entretenue par un management basé sur l'écoute et le partage		
19) La motivation est entretenue par des gratifications extra-professionnelles		
20) A salaire moindre, les collaborateurs resteraient chez vous		
TOTAL DES OUI		
TOTAL DES NON		

GRILLE D'ANALYSE DES RESULTATS

1) En cumulant les deux tableaux, vous avez 12 OUI ou plus.
Bravo, tout est parfait.
Faites tout de même faire le test de façon anonyme par vos collaborateurs pour vérifier que votre perception est correcte.
Si c'est le cas, ne changez rien.
Si ce n'est pas le cas, c'est l'occasion de pousser la réflexion managériale.

Important

Si les 3 OUI qui vous manquent sont dans le même thème, vous avez tout de même une réflexion à mener sur ce thème en particulier.

---

2) En cumulant, vous avez entre 6 et 11 OUI
Vous êtes dans la moyenne de ce qui se rencontre habituellement.
Evidemment, les points ou vous avez répondu NON sont vos axes de progrès.
S'il y a des thèmes où vous n'avez que des NON, interrogez vous.
Fixez vous un objectif pour votre prochaine réflexion managériale.

L'idée à retenir

Agissez et menez des actions dans l'idée d'améliorer votre score, puis refaites ce test dans quelques mois.

3) En cumulant, vous avez moins de 6 OUI
Vous fonctionnez sans doute sur l'habitude et à l'instinct. C'est confortable à court terme mais peu sécurisant dans un monde en mutation rapide. Un peu de structure managériale et votre entreprise exploitera encore mieux vos qualités actuelles.

<u>Important</u>

Comment sont répartis ces OUI sur l'ensemble des thèmes ?

S'ils sont tous sur un même thème, cela signifie sans doute quelque chose.

S'ils sont absents de certains thèmes, cela mérite réflexion et action.

Quelques questions qui restent (à ce jour) toujours sans réponses :

- Quand il était petit, le père Noël avait-il des cadeaux ?

- Pour rester aussi beau, le père Noël prend-il de la DHEA ?

- Le père Noël s'inscrit-il à des courses de traîneaux sous un faux nom ?

- Le père Noël a t il un fils et si oui croit-il en lui ?

- Que fait le père Noël 365 jours et 364 nuits par an ?

- Pourquoi le père Noël n'a t il pas créé sa secte ?

- Si le Père Noël tombait malade, qui le saurait ?

- Le Père Noël a t il un coach ou un gourou ?

- Si Noël tombait l'été, le père Noël se déplacerait-il aussi avec un traîneau ?

- Quand on dit que « ça sent le sapin », pourquoi ne pense-t-on pas systématiquement au père Noël ?

Les autres publications de Daniel CISSÉ

« La Fureur de vendre »   1991

« La Fureur de vendre 2 »   1994

« Georges Louseur contre Bob Winner"   1998

« 20 conseils + 9 sur les réseaux d'enseigne » 1999

« Comment des adolescents boutonneux
 deviennent-il des maîtres du monde ? »   2007

« Kaizen, vous avez dit Kaizen ? »   2009

« Tout savoir sur la négociation.
Devenez négoïste »   2012

« Tout savoir sur l'entretien de vente.
Devenez motivendeurs »   2013

Le tour de la vente en 80 leçons   2016

© 2018, Daniel Cissé

Edition : BoD - Books on Demand
12/14 rond-point des Champs Elysées, 75008 Paris
Imprimé par Books on Demand GmbH, Norderstedt, Allemagne
ISBN : 9782322122431
Dépôt légal : mai 2018